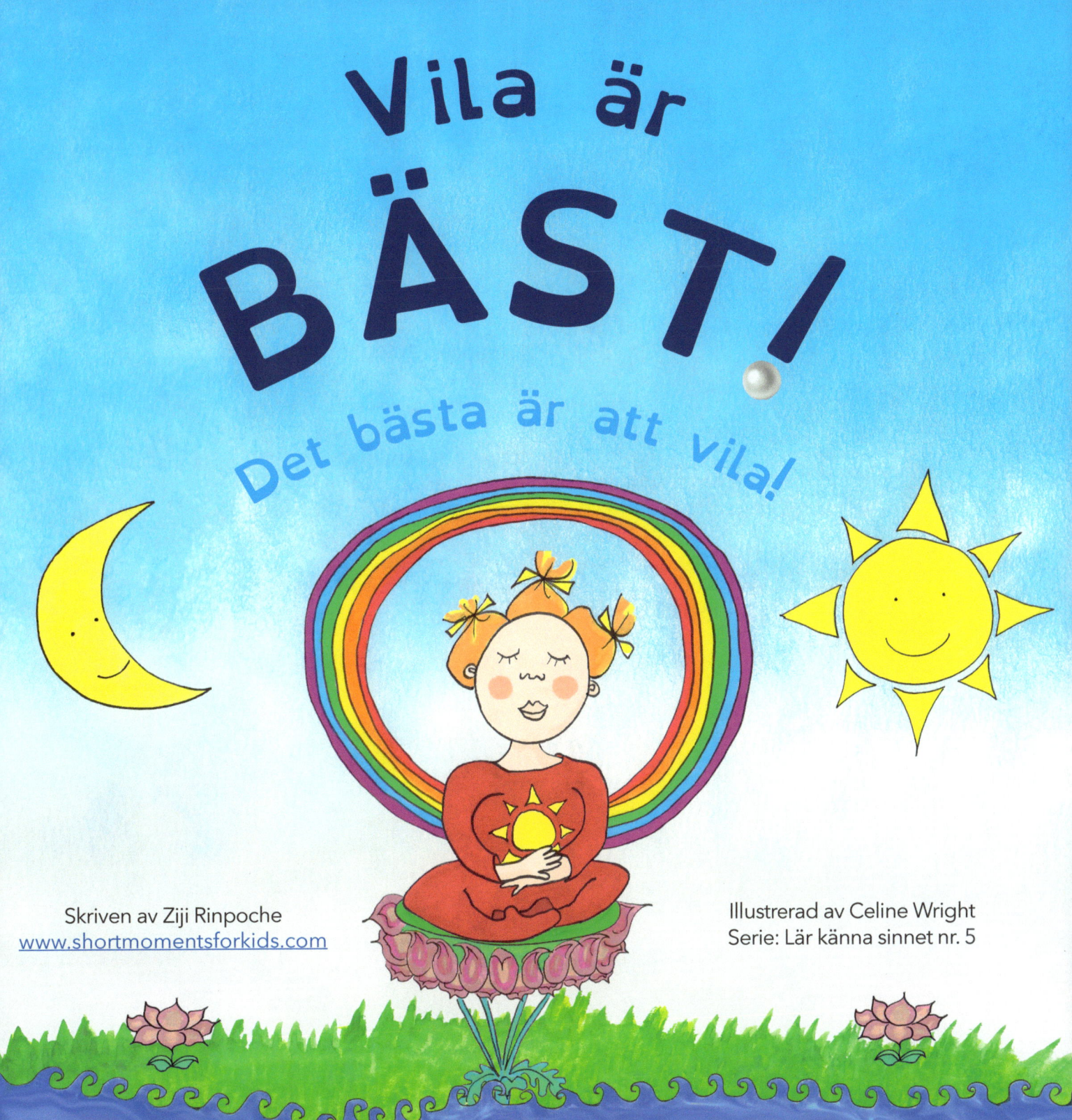

Copyright © 2021 Short Moments for Kids (*Korta stunder för barn*)
Svensk översättning © 2022

Alla rättigheter förbehållna.

Ingen del av denna publikation
får reproduceras eller distribueras i någon form
utan föregående skriftligt medgivande från utgivaren.

Text © 2021 Ziji Rinpoche
Illustrationer och omslagsdesign © 2021 Celine Wright
Titel på originalspråk: 'Rest is Best! Best is Rest!'

Bok nr 5 i serien "BeginningMind" (*Lär känna sinnet*)

Inbunden bok ISBN: 978-1-915175-34-2
Pocketbok ISBN: 978-1-915175-33-5
E-bok ISBN: 978-1-915175-41-0

http://shortmomentsforkids.com

Short Moments of Strong Mind
for Kids

Dedikerad till...dig!

Träna ditt starka sinne när du har stormiga känslor
för ditt starka sinne är alltid lyckligt, lugnt
och fullt av kraftfull godhet.
Ditt starka sinne är alltid där för att hjälpa dig.
Ditt starka sinne tillhör dig och ingen kan ta det ifrån dig!
Det tillhör dig!

Jag ska vara snäll
mot mig själv.

Varje minut ska jag
vara snäll mot mig själv.

Snäll mot min kropp,
snäll mot mitt sinne,
snäll med mina ord.

Vila min kropp. Vila mina ord.
Vila mitt sinne. Så snäll.

Jag är väldigt snäll mot mig själv.
Jag kan till och med ge
mig själv en kram.

Eller så kan jag be en av mina bästa
vänner om en kram.

"Kan jag få en kram?"

Jag är stark, mitt sinne,
min kropp och mina ord
är starka,

oavsett vilka människor
som är omkring mig eller
vad som händer i livet.

Jag är alltid väldigt stark och glad...

...även om andra människor inte är det.

Jag kan visa andra barn
och vuxna hur de också
kan vara glada.

Jag vilar mitt sinne,
jag känner mig glad.

Jag är lycklig,
jag mår så bra.

När jag vilar mitt sinne,
är jag väldigt snäll mot mig själv.

Jag kan alltid känna mig
glad när jag vilar mitt sinne.

När jag vilar mitt sinne så känns
det lika stort som himlen.

Då flyger mina känslor förbi
som en fågel på himlen.

Som solen lyser upp dagen,
så blir sinnet...

...klart och avslappnat
när jag vilar sinnet.

När jag springer och leker blir jag trött.
Då behöver jag vila kroppen eftersom jag är trött.
Mitt sinne blir också trött...

...och behöver vila. Mitt sinne vilar hela dagen! Mitt sinne vilar hela natten! Vila är bäst!

Att vila mitt sinne
gör mig glad.

Vila är bäst!
Det bästa är att vila!

Författaren Ziji Rinpoche och hennes lärare Wangdor Rimpoche

Ziji Rinpoche älskar att undervisa och skriva och hennes senaste bok heter 'When Surfing a Tsunami...'. Ziji Rinpoche är efterträdaren till Dzogchenlinjen efter vördnadsvärda Wangdor Rimpoche. Varje metafor och nyckelinstruktion kommer från Dzogchenläror som förs vidare från en lärare till nästa, som en gyllene bergskedja.

Wangdor Rimpoche bad Ziji Rinpoche att främja Dzogchen inom dagens globala kultur. Ziji Rinpoche skapade Short Moments onlinegemenskap för ömsesidigt stöd i att lära sig om sinnets natur. Genom appen Short Moments kan alla få tillgång till djupgående och kraftfulla Dzogchenträningar. Läs mer på http://shortmoments.com

Illustratören Celine Wright

Celine älskar att rita, stärka och stötta barn och berätta historier. När hon introducerades till sinnets natur av Ziji Rinpoche var hon förundrad över sinnets kraft, öppen som himlen, alltid klar och rik på visdom oavsett stormiga känslor. Hon insåg att hon skulle ha älskat att lära sig om sinnet som barn. Hon inspirerades att illustrera träningarna i barnböcker som introducerade starkt sinne för barn. Genom att kombinera sin konstnärliga kandidatexamen och sin masterutbildning i scenkonst med Dzogchen (student hos Ziji Rinpoche sedan 2007) och Early Years (barnskötare), undervisar Celine nu Dzogchen för barn, håller bokläsningar på skolor och festivaler och älskar att illustrera nya böcker på http://shortmomentsforkids.com

www.ingramcontent.com/pod-product-compliance
Lightning Source LLC
Chambersburg PA
CBHW041501220426
43661CB00016B/1220